BEI GRIN MACHT SICH IHR WISSEN BEZAHLT

Marcel Minke

Digitale Wasserzeichen

Spezielle Probleme der Netzwerkorganisation und des Datenschutzes

GRIN Verlag

Bibliografische Information der Deutschen Nationalbibliothek:

Die Deutsche Bibliothek verzeichnet diese Publikation in der Deutschen National-
bibliografie; detaillierte bibliografische Daten sind im Internet über http://dnb.d-
nb.de/ abrufbar.

Impressum:

Copyright © 2004 GRIN Verlag GmbH
Druck und Bindung: Books on Demand GmbH, Norderstedt Germany
ISBN: 978-3-656-20599-9

Dieses Buch bei GRIN:

http://www.grin.com/de/e-book/27746/digitale-wasserzeichen

GRIN - Your knowledge has value

Der GRIN Verlag publiziert seit 1998 wissenschaftliche Arbeiten von Studenten, Hochschullehrern und anderen Akademikern als eBook und gedrucktes Buch. Die Verlagswebsite www.grin.com ist die ideale Plattform zur Veröffentlichung von Hausarbeiten, Abschlussarbeiten, wissenschaftlichen Aufsätzen, Dissertationen und Fachbüchern.

Besuchen Sie uns im Internet:

http://www.grin.com/

http://www.facebook.com/grincom

http://www.twitter.com/grin_com

Universität Hildesheim
Institut für Technik, Physik und Wirtschaft

Seminar

Spezielle Probleme der Netzwerkorganisation und des Datenschutzes

Thema:

Digitale Wasserzeichen

Marcel Minke

5. Semester IMIT

Ziel dieser Ausarbeitung ist es, einen Einblick in das Themengebiet der digitalen Wasserzeichen zu gewähren und den aktuellen Forschungsstand aufzuzeigen.

Aufbauend auf einer kurzen Einführung sollen zunächst einige Grundlagen erläutert werden, um den Leser an das Themengebiet heranzuführen. Im Hauptteil wird dann konkret auf einzelne Wasserzeichenverfahren eingegangen und deren Vor- und Nachteile aufgezeigt. Dabei folgt die Gliederung des Hauptteils der gängigen Aufteilung digitaler Wasserzeichen in robuste und fragile Wasserzeichen. Der ständigen Weiterentwicklung der heutigen Verfahren wird Rechnung getragen, indem abschließend eine Verbesserung eines existierenden Verfahrens demonstriert wird. Danach schließt die Ausarbeitung mit einem zusammenfassenden Fazit.

Inhaltsverzeichnis

1   Einleitung

1.1   Entwicklungsgeschichte

Digitale Wasserzeichen haben ihren Ursprung in der analogen Welt, wo sie zwei Hauptaufgaben erfüllen: Den Nachweis der Originalität und das versteckte Übermitteln von Informationen. Die geheime Übermittlung von Nachrichten bezeichnet man als Steganografie. Dieser Begriff stammt aus dem Griechischen und bedeutet soviel wie „verdeckte Botschaft" (MENN, 2001). Schon vor rund 2000 Jahren nutzten die römischen Feldherrn steganografische Methoden, um in der Kriegszeit wichtige Informationen versteckt zu übertragen. Dies geschah, indem man den Boten die Nachrichten in die Kopfhaut tätowierte. Erreichten diese dann ihr Ziel, so schor man ihnen die Haare und die Botschaft war lesbar. Wurde der Bote vom Feind abgefangen, so war auf den ersten Blick nicht ersichtlich, dass er als Nachrichtenübermittler fungierte.

Neben den überlieferten Methoden gibt es mehrere alte Schriftstücke, die sich mit der Steganografie auseinandersetzen. Das älteste Buch zu diesem Thema datiert von 1499[1] (MENN, 2001).

Bekanntestes Anwendungsgebiet der klassischen Wasserzeichen ist der Schutz von Geldscheinen gegen Fälschung. Die Nutzung von Wasserzeichen zum Nachweis der Originalität fand jedoch schon viel früher statt. Im 13. Jahrhundert tauchten die ersten Wasserzeichen in handgemachtem Papier in Italien auf. Damals war Papier eine gewinnbringende Handelsware und ein bedeutender Wirtschaftszweig. Um die vielen unterschiedlichen Hersteller, Preise und Qualitäten unterscheiden zu können, wurden Wasserzeichen eingeführt. Sie waren fest mit dem Papier verbunden, ohne seine Nutzung einzuschränken. Ein Zusatznutzen bestand in der Unterbringung weiterer Informationen wie Papierstärke und Papierformat (SCHÄFER, 2001).

Die ersten Publikationen zu digitalen Wasserzeichen erschienen um 1990 (SCHÄFER, 2001). Auch wenn sich digitale Wasserzeichen schon seit einiger Zeit im praktischen Einsatz befinden, sind die Forschungsarbeiten auf diesem Gebiet noch lange nicht abgeschlossen.

1.2   Anwendungsgebiete

Heutige digitale Wasserzeichen dienen in erster Linie dem Nachweis von Echtheit, Originalität und Urheberschaft. Die Vorteile digitaler Daten wie Vervielfältigung ohne Qualitätsverlust, einfache Bearbeitung und der weltweite Zugang zu digitalen Daten über das Internet (Tauschbörsen) bergen zugleich ein hohes Gefahrenpotential im Hinblick auf die Wahrung der Urheberrechte. Daher ist das Primärziel der Wirtschaft die Verhinderung bzw. Identifikation illegaler Kopien durch den Einsatz von digitalen Wasserzeichen.

---

[1] „Steganographica", Autor: Trithemus

Diese werden direkt in das Datenmaterial eingefügt und dienen dem Nachweis der Authentizität und Integrität der Ursprungsdaten. Bezogen auf die zu schützenden Daten lassen sich drei Einsatzgebiete ableiten:

1. Schutz von Bilddaten

2. Schutz von Audiodaten

3. Schutz von Videodaten

2   Grundlagen

2.1   Klassifikation von Wasserzeichen

Abb. 1 illustriert, in welches Gebiet der Informationstechnologie digitale Wasserzeichen einzuordnen sind. Innerhalb der Klasse der Wasserzeichen wird zwischen den sichtbaren Wasserzeichen und den unsichtbaren Wasserzeichen unterschieden. Bekannte sichtbare Wasserzeichen stellen die Senderlogos in Fernsehsendungen dar, sie dienen lediglich der offensichtlichen Kennzeichnung von Inhalten und werden in dieser Ausarbeitung nicht weiter erörtert. Stattdessen sollen verschiedene Verfahren der unsichtbaren Wasserzeichen analysiert werden.

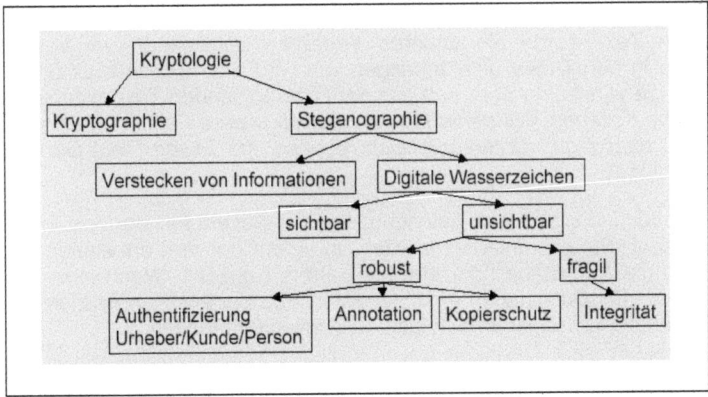

Abb. 1: Klassifikation digitaler Wasserzeichen nach (DITTMANN, 2001a)

Bei den unsichtbaren Wasserzeichen wird noch zwischen den robusten und den fragilen Wasserzeichen differenziert. Die letzte Zeile der Abbildung nennt jeweils die Anwendungsgebiete der beiden Verfahren.

2.2   Verwandte Technologien

Wie Abb. 1 zeigt, werden digitale Wasserzeichen dem Bereich der Steganografie zugeordnet, da sie möglichst unentdeckbar in die zu schützenden Daten eingebettet werden sollen. Wie Informationen in Daten „versteckt" werden können, sollen zunächst einführend zwei Beispiele aus der Steganografie verdeutlichen.

2.2.1 Beispiel 1

Die Existenz einer geheimen Nachricht in dem folgenden Text ist auf den ersten Blick nicht sofort ersichtlich: *„Gehe erst links den Oldenburger Domweg entlang, rechts liegt ein besonders ehrwürdiges Nonnenkloster."* (VIGANO, 1999)

Kennt man jedoch die Art und Weise, den so genannten Schlüssel, nach dem Informationen in den Daten untergebracht sind, so lässt sich die verborgene Nachricht mühelos extrahieren: *„Gehe erst links den Oldenburger Domweg entlang, rechts liegt ein besonders ehrwürdiges Nonnenkloster."* Die Farbgebung soll hier den gewählten Schlüssel hervorheben. Es wird deutlich, dass die Nachricht jeweils in den Anfangsbuchstaben der Wörter kodiert ist. Mit dieser Kenntnis lässt sich die Information „Geld oder Leben" sehr einfach aus den Daten ermitteln. Natürlich operieren heutige Verfahren nicht mit einfachen Texten. Die Informationen digitaler Wasserzeichen werden u.a. direkt in den Bitstrom einer Datei eingefügt, wozu die Abfolge der Nullen und Einsen manipuliert wird.

2.2.2 Beispiel 2

Im folgenden Text wurde ein anderes Verfahren angewandt, um bestimmte Informationen in den Daten unterzubringen. Es wird also ein anderer Schlüssel benötigt, um die versteckte Botschaft aus dem nachfolgenden Text extrahieren zu können: *„Liebe Kollegen! Wir genießen nun endlich unsere Ferien auf dieser Insel vor Spanien. Wetter gut, Unterkunft auch, ebenso das Essen. Toll! Gruß, X.Y."* (DITTMANN, 2001a)

Um an die geheime Botschaft zu gelangen, muss in diesem Fall der Text jeweils in Blöcke von acht Wörtern unterteilt werden. In jedem der drei erhaltenen Blöcke werden dann die Buchstaben der einzelnen Wörter gezählt. Wenn man nun für eine gerade Anzahl Buchstaben eine „1" notiert und bei einer ungeraden Anzahl eine „0", so erhält man folgende Bitfolgen aus Nullen und Einsen:

     I. Wörter 1-8:   0101 0011

    II. Wörter 9-16:   0100 1111

   III. Wörter 17-24: 0101 0011

Jetzt muss jede Bitfolge nur noch in die ihr zugeordnete Dezimalzahl übertragen werden und für diese Zahl der entsprechende Buchstabe aus dem ASCII-Alphabet ermittelt werden. Wendet man dieses Verfahren an, so erhält man für die gleich lautenden Blöcke I. und III. den Buchstaben „S" und für den II. Block den Buchstaben „O". Aneinandergereiht ergibt sich also „S O S" als versteckter Hilferuf in einem einfachen Urlaubsgruß.

2.3   Einbettung der Wasserzeichen

Wie die vorherigen Beispiele gezeigt haben, benötigt man verschiedene Komponenten, um ein Wasserzeichen in Daten einzubetten (vgl. Abb. 2). Neben den Originaldaten und den einzubettenden Informationen ist ein bestimmtes Verfahren erforderlich, durch das die Wasserzeicheninformationen in den Ursprungsdaten untergebracht werden. Dazu wurden im Laufe der Zeit verschiedene Algorithmen entwickelt, die auch dafür sorgen, dass die Wasserzeicheninformationen verschlüsselt werden, wodurch ein Aufspüren des Wasserzeichens erschwert wird. Die Einbettungsalgorithmen selbst werden geheim gehalten, denn sobald diese öffentlich bekannt werden, ist es ein Leichtes, das Wasserzeichen zu entfernen. Dazu muss man einfach nur eine Umkehr des Einbettungsalgorithmus entwickeln.

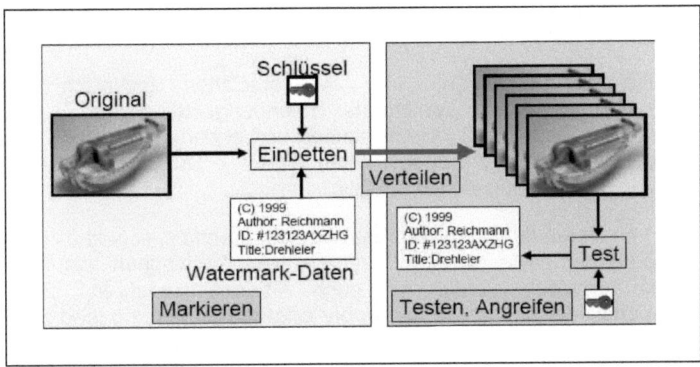

Abb. 2: Einbettung von Wasserzeichen
(Quelle: VIGANO, 1999)

Je nach Einsatzgebiet kann man eine Datei entweder nur mit einem einzigen, stets gleichen Wasserzeichen versehen oder jede herausgegebene Kopie mit einem spezifischen Wasserzeichen kennzeichnen. Tauchen später illegale Kopien einer Datei auf, so kann man durch das Wasserzeichen herausfinden, an wen die Daten ursprünglich ausgegeben wurden. Durch den eindeutigen Beweis der Herkunft kann diese Person dann für eventuelle Schäden haftbar gemacht werden.

Um die Güte eines Wasserzeichenverfahrens zu bestimmen, kann man versuchen, die eingebetteten Informationen auszulesen oder aber das Wasserzeichen zu zerstören (vgl. 2.5 Stirmark).

2.4   Anforderungen

Zunächst werden an digitale Wasserzeichen einige triviale Anforderungen gestellt, damit die Wasserzeichen sich effizient einsetzen lassen. So sollte das Wasserzeichen möglichst das komplette Objekt oder zumindest die wichtigsten Bereiche des zu schützenden Objektes umfassen. Weiterhin soll ein eingefügtes Wasserzeichen für das menschliche Auge natürlich nicht wahrnehmbar sein.

Diese Anforderung begründet sich darin, dass allein die Unsicherheit über die mögliche Existenz eines Wasserzeichens viele Raubkopierer abschreckt. Sie müssen jederzeit damit rechnen, dass ihre kriminellen Aktivitäten durch das eingebettete Wasserzeichen auffliegen. Daraus lässt sich eine weitere Anforderung ableiten: Das Einbetten des Wasserzeichens darf zu keiner merkbaren Störung des Inhaltes führen.

Insgesamt sollten Wasserzeichen auf der einen Seite nur schwer detektierbar sein, andererseits jedoch sollte das Wasserzeichen für bestimmte Anwendungen einfach zu erkennen sein. So gibt es beispielsweise von einigen an Wasserzeichenverfahren forschenden Firmen Web-Spider, die ständig das Internet nach Wasserzeichen in Bild-, Ton- oder Videodateien durchsuchen. Dabei können aber nur Wasserzeichen gefunden werden, die durch die Software der gleichen Firma eingebettet wurden, weil nur diese auch Kenntnis über die Art des Einbettungsverfahrens besitzt. Wasserzeichen von anderen Firmen können mangels Kenntnis der Einbettungsalgorithmen nicht detektiert werden.

Weiterhin sollte die Erkennung von Wasserzeichen technisch soweit fortgeschritten sein, dass eine fehlerhafte Erkennung, (also die angebliche Detektion eines Wasserzeichens obwohl keines vorhanden ist) auf keinen Fall vorkommt. Andernfalls wären die angestrebten Ziele wie Urheberschutz etc. bei falscher Detektion von Wasserzeichen hinfällig.

Da der Schutz von Daten durch digitale Wasserzeichen entfällt, sobald es möglich ist, diese zu entfernen, müssen die Wasserzeicheninformationen fest mit den Ursprungsdaten verwoben werden. Je nach Art des Verfahrens sind die Wasserzeichen entweder nicht mehr entfernbar oder die Entfernung führt zu einer Zerstörung der Ursprungsdaten, wodurch diese nicht mehr nutzbar wären. In diesem Fall hätte das Wasserzeichen seinen Schutzzweck auf eine andere Art und Weise erfüllt. Illegale Kopien der Ursprungsdaten sind ebenfalls nicht mehr möglich, da die Ursprungsinformationen bei Manipulationsversuchen zerstört werden.

Eine weitere Anforderung ist die kryptologische Sicherheit der Wasserzeichen-verfahren. Da die Einbettungsalgorithmen jedoch nicht öffentlich bekannt sind, ist eine genaue Untersuchung der kryptologischen Sicherheit in dieser Ausarbeitung leider nicht möglich (vgl. 2.3).

Je nach Art der Ursprungsdaten lassen sich unterschiedlich viele Wasserzeichen-informationen in eine Datei einbetten. Die Kapazität ist aber auch abhängig vom genutzten Einbettungsverfahren. Dabei gilt, dass je umfangreicher die eingebetteten Informationen sind, desto robuster verhalten sich mit Wasserzeichen versehene Daten gegenüber Transformationen (vgl. 2.5 und 2.6). Allerdings lassen sich nicht beliebig viele Wasserzeichendaten einfügen.

2.4.1 Robustheit

Digitale Wasserzeichen müssen verschiedene Kriterien erfüllen, um geistiges Eigentum wirkungsvoll zu schützen. Ein entscheidendes Problem stellt die Robustheitsanforderung dar. Je robuster beispielsweise ein Bild vor Attacken geschützt wird, desto größer ist die Gefahr, dass die Qualität des Bildes sichtbar nachlässt. Daher lassen sich nicht beliebig viele Wasserzeichendaten in die Ursprungsdatei einbetten. Um jedoch das Wiederauslesen auch nach Manipulationsversuchen sicherzustellen, müssen möglichst viele zusätzliche Informationen eingebracht werden. Man muss also immer abwägen zwischen einer möglichst hohen Robustheit und der Wahrnehmbarkeit von eingefügten Wasserzeichendaten. Abb. 3 stellt den Zusammenhang zwischen dem Umfang der Wasserzeichendaten und der entsprechenden Veränderung des Ursprungsbildes dar.

Bild 1: wenig robustes WZ   Bild 2: robustes WZ   Bild 3: sehr robustes WZ

Abb. 3: Robustheit vs. Wahrnehmbarkeit
(Quelle jeweils: HLAWATSCH, 2002)

Das Problem der Robustheit stellt sich vor allem für den Schutz von Bilddaten. Die eingebetteten Wasserzeicheninformationen müssen die für kommerzielle Bildbearbeitungsprogramme typischen Manipulationen überstehen. So kann schon eine einfache JPEG-Kompression ein schlechtes Wasserzeichen zerstören oder zumindest dazu führen, dass die eingebetteten Informationen nicht mehr vollständig ausgelesen werden können.

2.5   Stirmark

Ein Programm zum Vergleich von Wasserzeichenverfahren für Bilddaten ist der Stirmark-Benchmark[2] von Fabien Petitcolas. Diese Open-Source Software ist für jeden frei zugänglich und das derzeit zum Benchmarking von Wasserzeichen-verfahren am häufigsten eingesetzte Werkzeug. Dabei wird in erster Linie geprüft, wie robust die zu vergleichenden Verfahren gegenüber Manipulationen am Bild sind. Dies geschieht durch zahlreiche starke Attacken auf den Aufbau eines Bildes, die jedoch für das menschliche Auge nicht wahrnehmbar sind. Das Ursprungsbild wird in kleine Bereiche zerlegt und nach verschiedenen, zufällig gewählten Gesichtspunkten manipuliert. Dabei werden diverse Verzerrungen, geringfügige Rotationen sowie Verschleierungen und Stauchungen durchgeführt (SIGL, 2003). Wie aus Abb. 4 ersichtlich, sind diese geringfügigen Veränderungen im Bild selbst nicht wahrnehmbar. Betrachtet man allerdings jeweils das darunter

---

[2] www.petitcolas.net/fabien/watermarking/stirmark

liegende Gittermuster, so werden die vorgenommenen Manipulationen deutlich sichtbar.

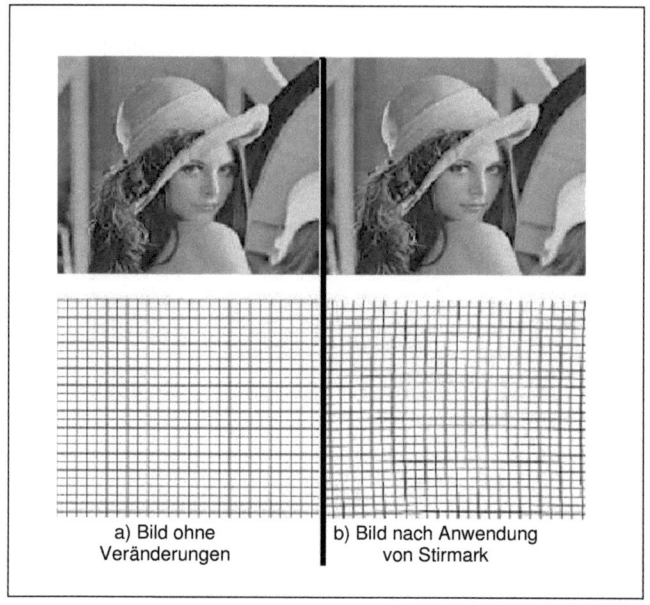

a) Bild ohne   b) Bild nach Anwendung
Veränderungen   von Stirmark

Abb. 4: Manipulationen durch Stirmark
Quelle: (SIGL, 2003)

Weiterhin wird durch das Programm eine analog-digital und digital-analog-Wandlung simuliert, als ob man das Bild einscannen und wieder ausdrucken würde. Demzufolge werden die in den Bitinformationen versteckten Wasserzeichen nicht direkt im Bitstrom sondern eher indirekt angegriffen. Schon wenn sich die Auflösung des Bildes innerhalb dieses Vorgangs ändert, kann ein Großteil der Wasserzeicheninformationen verloren gehen. Das wird dadurch bewirkt, dass sich die Markierungspunkte, an denen später nach Wasserzeichen-informationen gesucht wird, verschieben.

Stirmark hatte für die wirtschaftliche Verwendung der derzeitigen Wasserzeichenverfahren eine verheerende Wirkung, da alle gängigen Verfahren für Bilddaten mit diesem öffentlich zugänglichen Tool brechbar sind. Man kann an dieser Stelle schon vorwegnehmend sagen, dass die Technik der digitalen Wasserzeichen noch nicht ausgereift ist. Das liegt unter anderem auch daran, dass die möglichen Angriffsmethoden auf ein Wasserzeichen noch erforscht werden müssen, bevor man weiß, wie man diesen am besten begegnet. Zurzeit werden robustere Verfahren entwickelt, es ist jedoch absehbar, dass es keine universelle Lösung geben wird. Die Anforderungen müssen jeweils für jede Situation entsprechend spezifiziert werden. Es zeigt sich, dass der Zielkonflikt zwischen Robustheit und Umfang der einbettbaren Wasserzeicheninformationen auch in Zukunft ein zentraler Forschungsschwerpunkt sein wird.

3   Robuste Wasserzeichen

3.1   Einsatzgebiete

Wie aus Abb. 1 ersichtlich, lassen sich für robuste Wasserzeichen drei Einsatzgebiete definieren. Die Authentifizierung dient der Durchsetzung von Urheberrechten, welche sich in der heutigen digitalen Welt nur recht schwer durchführen lässt, da es an den technischen Möglichkeiten fehlt. Hier setzen die digitalen Wasserzeichen an. Ein weiterer Punkt, der auch zur Authentifizierung gehört, ist die Zuweisung einer bestimmten Kopie zu einem bestimmten Kunden. Welche Bedeutung diesem Punkt im gegenwärtigen Multimediazeitalter zukommt, soll folgender Umstand verdeutlichen: Die großen Filmkonzerne beklagen seit Jahren rückläufige Einnahmen bei Kinofilmen, da aktuelle Kinofilme oft schon vor dem eigentlichen Kinstart im Internet heruntergeladen werden können. Als Quellen dienen zumeist Vorführ-Videos oder –DVDs, die unter anderem an die 5816-köpfige Oscar-Jury (RIEDIGER & STÖHR, 2004) verteilt werden, damit diese sich im Vorfeld eine Meinung über die Filme bilden können. Mit Hilfe von versteckten Markierungen konnte im Januar 2004 erstmals ein Jurymitglied der illegalen Weitergabe dieser Vorführfilme überführt werden[3]. Dieses Beispiel zeigt, welch enormes wirtschaftliches Potential digitalen Wasserzeichen als eine Art indirekter Kopierschutz offen steht.

Neben dem Auffinden und der Identifikation unerlaubter Kopien werden digitale Wasserzeichen noch zur Annotation genutzt. Dabei werden lediglich zusätzliche Metainformationen wie Lizenzhinweise zu den Ursprungsdaten hinzugefügt.

3.2   Verfahren für Bilddaten

Bei Bilddaten gibt es zwei verschiedene Ansätze, um Wasserzeichen-informationen in ein Bild einzubetten. Das Bildraumverfahren bringt die zusätzlichen Informationen direkt im Bild unter, während beim Frequenzraumverfahren das Wasserzeichen im Rauschen des Ursprungsdokuments untergebracht wird. Rauschen *„stellt in der Regel redundante Information dar und trägt normalerweise nichts zum Bildeindruck bei"* (HLAWATSCH, 2002).

3.2.1 Bildraumverfahren

Das Bildraumverfahren (in der Literatur gelegentlich auch als Patchworkverfahren bezeichnet) arbeitet direkt auf den Bildpunkten und ist daher sehr robust gegenüber linearen und nichtlinearen Transformationen. Es hat allerdings einige entscheidende Nachteile. Da die Wasserzeicheninformationen direkt im Bild untergebracht werden, ist das Wasserzeichen im Vergleich zum Frequenzraumverfahren leichter wahrnehmbar. Außerdem ist die Menge der unterzubringenden Informationen geringer. Die häufigste Angriffsart auf

---

[3] Siehe http://www.heise.de/newsticker/meldung/43613

Bildraumverfahren ist die Kompression oder Nachbearbeitung des Bildes, wodurch die Wasserzeichendaten je nach Stärke des Angriffs zerstört werden können. Auch eine einfache Drehung des Bildes oder die Anwendung von normalen Bildbearbeitungstools wie Weichzeichner heben den Schutz auf (MENN, 2001).

Die genaue Arbeitsweise der Bildraumverfahren soll beispielhaft an Abb. 5 erläutert werden. Dem Bildraum werden zusätzliche statistische Daten beigefügt, indem der Einbettungsalgorithmus zunächst zufällig Paare von kleinen Bildteilen des Ursprungsbildes auswählt. Dann wird der eine Bildteil abgedunkelt während der andere aufgehellt wird.

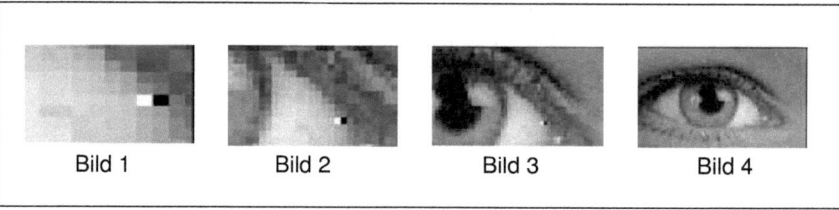

Bild 1   Bild 2   Bild 3   Bild 4

Abb. 5: Bildraumverfahren
Quelle: (MENN, 2001)

In Abb. 5 wird die Aufhellung und Abdunklung durch die Farben Schwarz und Weiß in übertriebener Form dargestellt, um diesen Vorgang für das menschliche Auge besser sichtbar zu machen. Es zeigt sich, dass die Veränderungen nur bei starkem Hineinzoomen in das Bild sichtbar werden. Zoomt man aus dem Bild wieder heraus, so sind die Veränderungen für das menschliche Auge ab einem bestimmten Grad kaum mehr wahrnehmbar. Wenn man berücksichtigt, dass selbst Bild 4 nur einen kleinen Ausschnitt des Originalbildes darstellt, so wird offensichtlich, dass solcherart eingebettete Wasserzeicheninformationen (bei Unkenntnis über das Vorhandensein eines Wasserzeichens) dem menschlichen Betrachter nicht auffallen. Dabei kommt es jedoch auch immer auf die Größe des Bildes an. Bei relativ kleinen Bildern kann das Wasserzeichen besonders bei höherer Robustheit evtl. zu erkennen sein.

Die Einbettung eines Wasserzeichens erhöht die Größe der Ursprungsdatei nur geringfügig, je nach Umfang der zusätzlichen Informationen. Der Algorithmus benötigt aber immer eine bestimmte Mindestanzahl von bearbeiteten Bildpunkten, um durch statistische Auswertung feststellen zu können, ob die Originaldatei noch durch das Wasserzeichen markiert ist.

Um dem Leser zu illustrieren, wie nun ein Wasserzeichen in einem Bild aussehen kann, wurde in Abb. 6 ein Wasserzeichen mit extremer Robustheit (um das Wasserzeichen wahrnehmen zu können) in ein Bild eingeführt.

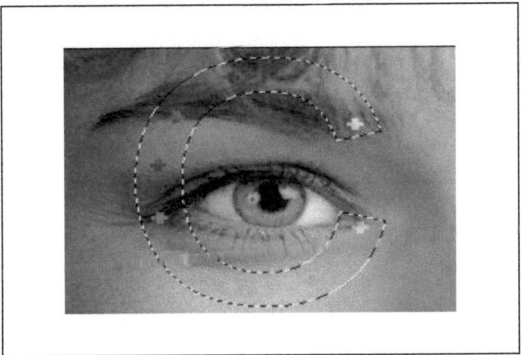

Abb. 6: Wasserzeichen bei extremer Robustheit
Quelle: (MENN, 2001)

Ein ähnliches Bildraumverfahren arbeitet auf dem Blaukanal eines Bildes. Es sollen an dieser Stelle nur kurz die Grundlagen dieses Verfahrens beschrieben werden: Alle Farbwerte lassen sich durch Kombinationen der drei Grundfarben Rot, Gelb und Blau darstellen. Verfahren im Blaukanal bedienen sich der Tatsache, dass das menschliche Auge gegenüber der Farbe Blau am unempfindlichsten reagiert. Die Wasserzeicheninformationen werden daher durch Änderungen der Blauanteile eines Bildes eingebettet.

3.2.2 Frequenzraumverfahren

Bei den Frequenzraumverfahren wird das Wasserzeichen im Rauschen des Ursprungsdokuments verborgen. Die Transformation der Bilddaten in den Frequenzraum ist mathematisch sehr aufwendig und soll hier nur grundlegend erläutert werden. Für die Transformation selbst bedient man sich der diskreten Kosinustransformation[4], welche die Zahlenwerte für Helligkeit und Farbe eines Pixels vom Zeit- in den Frequenzbereich überführt. Dabei werden Bildanteile mit hohen Änderungen von Kontrast und Helligkeit wie Kanten und Konturen durch hohe (schnelle) Frequenzen repräsentiert; gleichmäßige Bildflächen zeigen sich als tiefe (langsame) Frequenzen. Die diskrete Kosinustransformation stellt auch die Grundlage der JPEG- und MPEG-Kompression dar. Dabei werden benachbarte Pixelwerte mit nur geringen Unterschieden zusammengefasst, da Unterschiede in den hohen Frequenzbereichen nur schwer wahrzunehmen sind. Genau diese Tatsache machen sich die Frequenzraumverfahren zu Nutze. Ihre Einbettungsalgorithmen verstecken die Wasserzeicheninformationen im mittleren und hohen Frequenzbereich in den so genannten „Least Significant Bits" (LSB). Eine Einbettung allein in den hohen Frequenzbereich verbietet sich, weil diese Informationen durch Kompression schnell zerstört werden können. Deshalb weicht man teilweise auf den mittleren Frequenzbereich aus.

---

[4] In der Literatur häufig auch unter dem Kürzel „DCT" zu finden.

Im Folgenden soll die Einbettung der Wasserzeicheninformationen in den Least Significant Bits anhand eines Graustufenbildes verdeutlicht werden. Grundlage ist die Farbtonbestimmung über 8 Bits. Für ein Graustufenbild bedeutet dies, dass jeder Pixel einen Farbwert zwischen 0 (weiß, Bitfolge 0000 0000) und 155 (schwarz, Bitfolge 1111 1111) besitzt. Abb. 7 zeigt die zur Einbettung der Wasserzeichen im jeweils letzten Bit notwendigen Manipulationen auf.

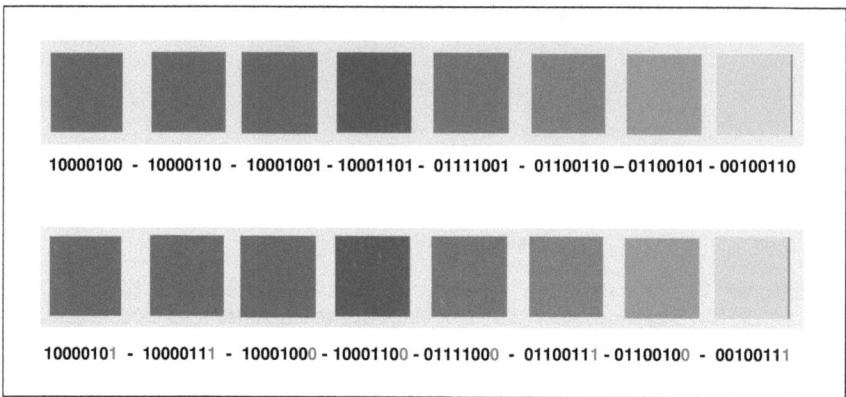

Abb. 7: Einbettung in den Least Significant Bits
Quelle: (DITTMANN, 2001a)

Untereinander stehend befinden jeweils zwei für das menschliche Auge scheinbar gleichgraue Flächen. Betrachtet man jedoch ihre Bitkodierung, so sieht man, dass sich diese im jeweils letzten Bit der Farbdefinition unterscheiden. Genau an dieser Stelle werden die Wasserzeicheninformationen pseudozufällig durch den Einbettungsalgorithmus eingefügt. Während dieses Vorgangs werden die schmalbandigen Wasserzeichendaten in ein sehr breites Signal umgesetzt, was einem Rauschen ähnelt und sich deshalb unauffällig dem Bild hinzufügen lässt (MENN, 2001).

3.3 Verfahren für Audiodaten

Bei Verfahren für Audiodaten werden die Wasserzeichendaten ebenfalls im Rauschen der Ursprungsdatei untergebracht. Rauschen in Audiodaten entspricht Tönen im nicht wahrnehmbaren Frequenzbereich (HEISE, 2002). Die Menge der einbettbaren Wasserzeicheninformationen hängt von der Toncharakteristik der Audiodaten ab. Schwierig sind langsame und sehr leise Musikstücke, da in deren Rauschen nur recht wenig zusätzliche Informationen verborgen werden können. Grundsätzlich muss man bei den Wasserzeichenverfahren für Audiodaten auch stets abwägen zwischen einer möglichst großen Kapazität und der Wahrnehmbarkeit der vorgenommenen Manipulation.

Bei der Einbettung der Wasserzeicheninformationen im Rauschen des Ursprungsdokumentes stellt die Komprimierung der Datei ein besonderes Problem dar. Komprimierungen z.B. ins MP3-Format können Wasserzeichendaten zerstören, da beim Komprimierungsvorgang die nicht wahrnehmbaren Frequenzbereiche abgeschnitten werden. Im Laufe der Zeit wurden verschieden Forschungen durchgeführt, wie man dieses Problem am effizientesten löst. STEINMETZ (2000, S. 685) schlägt ein Verfahren vor, in dessen Verlauf überprüft wird, welche Wasserzeichendaten die Komprimierung überstanden haben:

1. Generiere ein Wasserzeichen (W).

2. Bette das Wasserzeichen (W) in das Originalsignal (S) ein.

3. Führe eine Kodierung und Dekodierung von (S + W) mit einer möglichst hohen Kompressionsrate durch (S + W CoDec $S' + W'$).

4. Unterziehe das Originalsignal (S) einer Kodierung und Dekodierung mit der gleichen Kompressionsrate (S CoDec S').

5. Ermittle die Differenz der beiden erzeugten Signale: ($S' + W' - S' = $ **W**$'$). Dabei ist **W**$'$ genau der Teil des Wasserzeichens, welcher die Kompression überstanden hat.

6. Mische W$'$ dem Originalsignal bei (S+W$'$).

Der Vorteil des vorgestellten Verfahrens liegt in der Robustheit gegenüber Angriffen durch Kompression. Die eingebetteten Wasserzeicheninformationen können trotz Kompression in rund 95% der Fälle ausgelesen werden. Allerdings weist auch dieses Verfahren wiederum Schwachstellen auf, so kann das Wasserzeichen durch Weglassen oder Umordnen einzelner Frames zerstört werden.

3.4 Verfahren für Videodaten

Grundsätzlich stellen Wasserzeichenverfahren für Videodaten nur eine Kombination der schon bekannten Verfahren für Bild- und Audiodaten dar, da ein Video technisch betrachtet als eine schnelle Aneinanderreihung von Einzelbildern mit einer dazu parallel verlaufenden Tonspur betrachtet werden kann. Die Verfahren für Bewegtbilder basieren im Wesentlichen auf den Algorithmus für Einzelbilder. Was allerdings beachtet werden muss, ist die hinzukommende zeitliche Komponente, da Bild und Ton Bilder in einer bestimmten zeitlichen Abfolge wiedergegeben werden. Im Vergleich zu einem einzelnen Bild lassen sich in Videodaten sehr viel mehr Informationen unterbringen.

Auch für Videodaten existieren sowohl Verfahren im Bild,- als auch im Frequenzraum. Im Folgenden sollen zwei Bildraumverfahren und ein Frequenzraumverfahren dem Leser die grundsätzliche Arbeitsweise der Verfahren für Videodaten näher bringen.

3.4.1 Bildraumverfahren

Als Vorgehensweise im Bildraum kommt die Einbettung des Wasserzeichens in jeden Frame oder verteilt über eine Sequenz von mehreren Bildern in Frage. Beide Verfahren besitzen ihre spezifischen Vor- und Nachteile, weshalb für den realen Einsatz abzuwägen ist, welches Verfahren jeweils geeigneter ist.

Bettet man das Wasserzeichen in jeden Frame ein, so hat man den Vorteil, dass jedes einzelne Bild geschützt ist. Außerdem ist bei Frames mit identischen Markierungsdaten eine Fehlerkorrektur möglich. Da allerdings bei durchschnittlich 24 Einzelbildern pro Sekunde (WIPPERFÜRTH, 1999, S. 132) bei einem einstündigen Film 86400 Wasserzeichen eingebettet werden müssten, weist dieses Verfahren ein schlechtes Laufzeitverhalten auf. Außerdem kann die Einbettung eines Wasserzeichens zu einem merkbaren Flackern des Videos führen. Dies entsteht dadurch, dass bei der Einfügung des Wasserzeichens sehr geringe Veränderungen der Helligkeit durchgeführt werden. In einem Einzelbild würde diese Manipulation gar nicht bemerkt, bei der Aneinanderreihung von Einzelbildern mit ungleichen Änderungen der Helligkeit würde jedoch ein Flackern auffallen (ACHZIGER 2003, S. 13).

Ein zweiter Ansatz berücksichtigt die zeitliche Komponente, indem das Wasserzeichen auf eine Sequenz von mehreren Bildern verteilt wird. Das hat den Vorteil einer höheren Kapazität, es können also mehr Wasserzeichendaten in das Video eingebettet werden. Auch bei dieser Vorgehensweise zeigt sich gegenüber Verfahren im Frequenzraum eine schlechtere Laufzeit. Die Tatsache, dass nicht mehr jedes einzelne Bild geschützt ist, fällt je nach Einsatzgebiet meist weniger ins Gewicht. Allerdings bietet die Einbettung der Wasserzeicheninformationen in eine Sequenz von mehreren Bildern eine spezielle Angriffsstrategie, indem man einzelne Frames umsortiert oder löscht. Bei 24 Bildern pro Sekunde würde dies dem Betrachter des Videos zwar nicht auffallen, das Wasserzeichen würde jedoch zerstört werden. Auch für dieses Problem wurden verschiedene Lösungsansätze entwickelt, bei der jeweils Komponenten zur Synchronisation und Fehler- erkennung eingebracht werden, so genannte selbsttaktende Markierungen (ACHZIGER, 2003, S. 13).

3.4.2 Frequenzraumverfahren

Frequenzraumverfahren für Videodaten betten die Wasserzeicheninformationen jeweils direkt im Bitstrom ein. Diese Vorgehensweise garantiert verglichen mit den Bildraumverfahren ein deutlich besseres Laufzeitverhalten, verbunden mit einer höheren Robustheit gegenüber Kompression. Im Gegensatz zu der Verteilung eines Wasserzeichens über eine Sequenz von mehreren Bildern lassen sich beim Frequenzraumverfahren keine fehlerkorrigierenden Codes anwenden. Ebenso nachteilig wirkt sich die Tatsache aus, dass die Wasserzeichenstärke nicht den bildspezifischen Eigenschaften entsprechend angepasst werden kann. Man muss daher grundsätzlich von dem ungünstigsten Bild ausgehen, in welches nur wenige Wasserzeichendaten eingebettet werden können. Andernfalls würde das Vorhandensein eines Wasserzeichens evtl. auffallen, da man bei den Bildern, die wenig zusätzliche Informationen aufnehmen können Manipulationen feststellen würde. Die einzubringende Datenmenge muss sich deshalb immer am Wort-Case orientieren.

4   Fragile Wasserzeichen

4.1   Einsatzgebiete

Erste Ansätze zu fragilen Wasserzeichen existieren bisher lediglich für Bilddaten.
Dort werden fragile Wasserzeichen eingesetzt, um Manipulationen an einer Datei
nachzuweisen bzw. um deren Unverfälschtheit garantieren zu können. Wie wichtig
dies in der heutigen digitalen Welt ist, zeigt Abb. 8. Auf den ersten Blick fallen dem
Betrachter keine großen Unterschiede zwischen den beiden dargestellten Bildern
auf. Beide zeigen Präsident Clinton zu Besuch in Eisenach zusammen mit dem
damaligen Ministerpräsident Vogel und Bundeskanzler Helmut Kohl.

Bild 1, Quelle: Reuters Press   Bild 2, Quelle: Broschüre der
                                       Thüringischen Landesregierung

Abb. 8: Manipulation durch Nachbearbeitung eines Bildes
Quelle: (DITTMANN, 2001b)

Die farbliche Hervorhebung verdeutlicht jedoch, dass sich die beiden Bilder in
einem einzigen Punkt unterscheiden. Auf dem Originalbild (Bild 1) von Reuters
Press ist im Hintergrund ein Plakat zu sehen mit dem Ausspruch „Ihr habt auch in
schlechten Zeiten dicke Backen!". Bild 2 hingegen wurde so manipuliert, dass
dieses Plakat dort nicht mehr zu sehen ist. Besonders vor dem Hintergrund der
Quelle von Bild 2 ist das Ziel dieser Manipulation offensichtlich. Bild 2 wurde in
einer Werbebroschüre der Thüringischen Landesregierung veröffentlicht, welche
den Titel „Für den Mutigen werden Träume wahr" trug.

Dieses Beispiel zeigt, wie einfach sich Inhalte in digitaler Form manipulieren
lassen und wie wichtig auch in Rechtsstreitigkeiten der Nachweis der
Unverfälschtheit sein kann.

4.2   Arbeitsweise

Wie schon in Kapitel 3.2 erläutert, lassen sich Wasserzeichen in Bilddaten durch verschiedene Bildbearbeitungsoperationen zerstören. Um nun auch geringfügige Manipulationen an einem Bild erkennen zu können, wird ein fragiles Wasserzeichen mit einer geringen Stärke in das zu schützende Bild eingebettet. Verfahren, die fragile Wasserzeichen nutzen, arbeiten stets auf einer Schwellwertbasis. Wird bei der Manipulation des Bildes ein gewisser Schwellwert überschritten, so wird das Wasserzeichen zerstört. Sucht man dann nach einem vorhandenen Wasserzeichen und dieses lässt sich nicht mehr detektieren, so kann man davon ausgehen, dass das Originalbild verändert wurde.

4.3   Probleme bei bisherigen Verfahren

Viele der noch recht einfachen ersten Verfahren sahen sich mit einem komplizierten Problem konfrontiert: Es gibt einige Bildoperationen, die zwar ein Bild verändern, aber keinen Einfluss auf die inhaltliche Aussage des Bildes haben. Dazu zählen Kompression, Skalierung und Filterung. Angenommen, das Ursprungsbild wird einer JPEG-Kompression unterzogen, so werden lediglich benachbarte Pixelwerte zusammengefasst. Diese Veränderungen sind visuell nicht wahrnehmbar, ändern also nichts an dem Inhalt des Bildes. Trotzdem kann das Wasserzeichen zerstört werden, wodurch ein falscher Verdacht der Manipulation entstehen kann.

In der jüngsten Vergangenheit wurde von den Wissenschaftlern vielfach darüber diskutiert, wie man am besten ansetzt, um dieses Problem zu lösen. Es bestand schnell Einigkeit darüber, dass die einzige sinnvolle Lösungsmöglichkeit in der Berücksichtigung der inhaltlichen Aussage eines Bildes liegt. Wie diese Vorgehensweise realisiert werden kann, ist in DITTMANN (2000, S. 135ff) sehr ausführlich dargestellt. Die Kernpunkte des Verfahrens sollen in Kapitel 4.4 vorgestellt werden.

4.4   Verbessertes Verfahren

Der Ansatz von DITTMANN beruht auf inhaltbasierten Wasserzeichen, die zwar robust gegenüber zugelassenen Veränderungen aber fragil bezüglich des Inhaltes sind. Bei Veränderungen des Bildinhaltes sollen sie zerfallen, so dass sie nicht mehr detektierbar sind und man korrekt auf eine Manipulation des Bildes schließen kann.

4.4.1   Technische Umsetzung

Die Umsetzung geschieht durch Merkmalsvektoren, die den Inhalt eines Bildes repräsentieren. Diese Merkmalsvektoren sind zum einen die Koeffizienten der diskreten Kosinustransformation (DCT) und zum anderen die Histogramme. DCT-Koeffizienten sind die vom Menschen wahrgenommenen Helligkeiten und Farbwerte eines Bildes im Frequenzbereich (vgl. 3.2.2). Als Histogramm wird die Verteilung der Helligkeits- oder Farbwahrnehmung über die Bildpixel bezeichnet.

Um nun das Wasserzeichen mit dem Inhalt des Bildes zu verknüpfen, bedient man sich der Bildkanten. Sie charakterisieren den Bildinhalt, da sie Objektstrukturen und homogene Bereiche abgrenzen (siehe Abb. 9).

Abb. 9: Kantencharakteristik eines Bildes
Quelle: (DITTMANN, 2001a)

Für die Erzeugung der Kantencharakteristik sind mehrere Zwischenschritte durchzuführen. Zunächst muss ein evtl. mehrfarbiges Bild in ein Graustufenbild mit weißen, grauen und schwarzen Werten überführt werden. Anschließend wählt man Weiß als Hintergrundfarbe. Um im Folgenden die Kanten des Bildes zu bestimmen, bedient man sich Schwellwerten. Da Grauwerte nahe Schwarz intensiven Kanten entsprechen, werden diese Werte ins Schwarze transformiert. Grauwerte nahe Weiß hingegen entsprechen meist homogenen Flächen, weshalb diese Werte ins Weiße übertragen werden. Diese Transformation anhand bestimmter Schwellwerte wird für jeden Pixel vorgenommen. Als Ergebnis erhält man die Kantencharakteristik eines Bildes mit schwarz-weiß Werten und den relevanten Kanten, welche die Kernobjekte des Bildes darstellen.

4.4.2 Beispiel zur Erkennung einer Manipulation

Damit der Computer mit der erzeugten Kantencharakteristik auch arbeiten kann, wird die Kantencharakteristik in ein binäres Kantenmuster transformiert. Aufgrund der Vorarbeiten (Überführung in die Kantencharakteristik) gestaltet sich dieser

Vorgang sehr einfach: Die Kantencharakteristik wird wieder pixelweise durchlaufen und für jeden schwarzen Pixel eine Eins bzw. für jeden weißen Pixel eine Null gesetzt. Somit liegt dem Computer nach der Transformation in das binäre Kantenmuster die Inhaltsrepräsentation eines Bildes als Folge von Nullen und Einsen vor. Er kann eine Veränderung am Ursprungsbild erkennen, da die Manipulation die Abfolge der Nullen und Einsen verändert.

Abb. 10 zeigt zunächst die Kantencharakteristik des Testbildes, anhand dessen die Manipulationserkennung durch fragile Wasserzeichen illustriert werden soll.

Abb. 10: Kantencharakteristik des Testbildes
Quelle: (DITTMANN, 2000)

Die computerinterne Repräsentation als binäres Kantenmuster und darüber liegend jeweils der Ausschnitt des Originalbildes werden in Abb. 11 dargestellt.

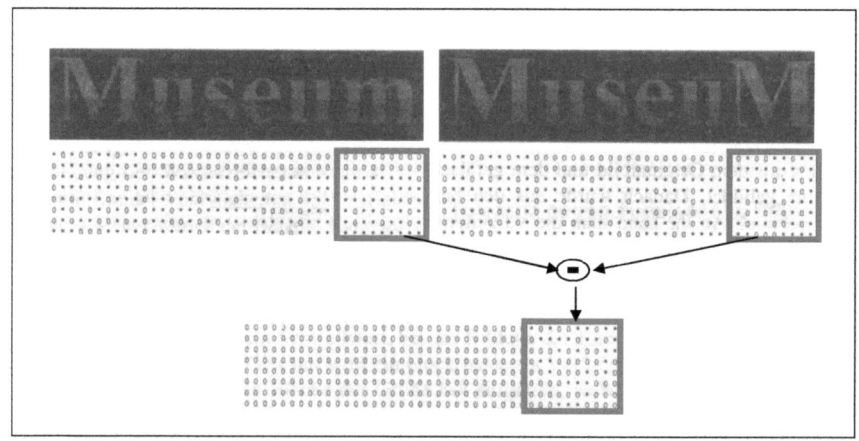

Abb. 10: Bilder mit entsprechenden Blockschemata
Quelle: (DITTMANN, 2000)

In diesem Beispiel sind die Einsen als Sternchen dargestellt. Es ist weiterhin zu beachten, dass sich die beiden Originalbilder im letzten Buchstaben unterscheiden. Damit einhergehend unterscheiden sich auch die binären Kantenmuster direkt unterhalb der verschiedenen Buchstaben. Das dritte binäre Blockschema zeigt die Differenzmatrix.

Die Differenzmatrix enthält in allen Bereichen, in denen sich das Originalbild und das manipulierte Bild gleichen jeweils Nullen. In dem Bereich, wo sie sich unterscheiden, ist jedoch eine Folge von Nullen und Einsen (Sternchen) zu erkennen. Es ist also genau ersichtlich, an welchen Positionen das Ursprungsbild verändert wurde.

Die Veranschaulichung durch Bildung der Differenzmatrix sollte in diesem Fall aufzeigen, wie die Erkennung des Bildinhaltes durch den Computer intern abläuft. Im konkreten Anwendungsfall würde ein ins Originalbild eingebettete Wasserzeichen durch Manipulation des Bildinhaltes zerstört werden. Da die Bildkanten als Basis des fragilen Wasserzeichens dienen, zerfällt das Wasserzeichen bei Modifikationen des Bildinhaltes, weil sich dadurch auch die Bildkanten ändern. Zulässige Bildmanipulationen, welche die inhaltliche Aussage des Bildes nicht verändern, bewirken hingegen keine Zerstörung des Wasserzeichens.

4.4.3 Probleme des verbesserten Verfahrens

Auch dieses gegenüber vielen Angriffsmöglichkeiten schon weit verbesserte Verfahren weist noch eine Schwachstelle auf. Da durch die Transformation des Originalbildes in ein Graustufenbild die ursprüngliche Farbgebung im weiteren Verlauf nicht mehr berücksichtigt wird, bietet sich eine spezielle Angriffsstrategie. Es ist z.B. möglich, eine Staatsflagge zu manipulieren.

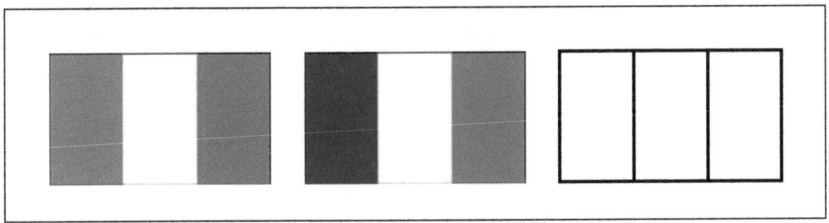

Abb. 11: Staatsflaggen Italiens und Frankreichs, Kantencharakteristik
Quelle: (CUSTOMERCE GmbH 2004)

Wie aus Abb. 11 ersichtlich, unterscheiden sich die Staatsflaggen Frankreichs und Italiens lediglich in einer Farbe, die Kantencharakteristik sieht für beide gleich aus. Da aber zur Offenlegung von Manipulationen nur das aus der Kantencharakteristik abgeleitete binäre Blockschema herangezogen wird, haben die unterschiedlichen Farben keinerlei Einfluss. Es wäre bei dem vorgestellten verbesserten Verfahren immer noch möglich, die französische in die italienische Staatsflagge oder die italienische in die französische Staatsflagge zu überführen, ohne dass das mit dem Bildinhalt verknüpfte Wasserzeichen zerstört werden würde. Diese Art der Manipulation wäre also nicht nachzuweisen, da das Wasserzeichen nur über die Bildkanten mit dem Inhalt verknüpft ist und die Farbgebung der homogenen Flächen nicht berücksichtigt wird.

Eine mögliche Lösung dieses Problems besteht in der Berücksichtigung der Farbwerte an den Kanten. Das binäre Blockschema würde dann nicht mehr aus Nullen und Einsen sondern aus jeweils konkreten Farbwerten bestehen. Die Erweiterungsmöglichkeit des vorgestellten verbesserten Verfahrens um diese Komponente wird derzeit erforscht. Es ist anzunehmen, dass erste Ergebnisse wohl noch in diesem Jahr publiziert werden.

5   Fazit

Digitale Wasserzeichen sind ein recht junges Forschungsgebiet. Im Laufe der Zeit wurde eine Vielzahl verschiedener Verfahren mit unterschiedlichen Ansätzen entwickelt, von denen jedes Verfahren spezifische Angriffspunkte bietet. Wie die Ausarbeitung aufgezeigt hat, sind bei der Entwicklung digitaler Wasserzeichen viele Probleme zu berücksichtigen. Das größte Problem ist dabei die Robustheit des Wasserzeichens. Die Tatsache, dass eine frei im Internet verfügbare Software wie Stirmark derzeit fast alle mit großem Aufwand entwickelten Wasserzeichenverfahren außer Kraft setzen kann, beeinflusst die Entwicklung maßgeblich. Zwar gibt es mehrere schon im Vertrieb befindliche Softwareprodukte, die digitale Wasserzeichen nutzen, aber solange nicht alle dargelegten Probleme beseitigt sind, bleiben die Einsatzgebiete doch sehr beschränkt.

So ist eine eindeutige Authentifizierung digitaler Daten als Beweismittel aufgrund der ungenügenden Sicherheit gegenüber Angriffen auf das Wasserzeichen zum gegenwärtigen Zeitpunkt nicht möglich. Daher werden digitale Wasserzeichen auch in nächster Zukunft nicht zur Strafverfolgung einsetzbar sein, es sei denn, es ergeben sich grundlegende Fortschritte in der Entwicklung sichererer Verfahren.

Dass auf Seiten der Wirtschaft ein großer Bedarf besteht, sieht man nahezu täglich in den Medien, wenn über die finanziellen Auswirkungen illegaler Raubkopien berichtet wird. Bis die digitalen Wasserzeichen ihr mögliches Potential voll ausschöpfen können, ist jedoch noch eine Menge Forschungsarbeit zu leisten.

6   Glossar

DCT   *Discrete Cosine Transformation*

Durch die DCT werden die Zahlenwerte für Helligkeit und Farbe jedes einzelnen Pixels (daher der Begriff „diskret") vom Zeit- in den Frequenzbereich übertragen. Anwendung findet diese Transformation z.B. beim JPEG-Verfahren. (MENN, 2001)

LSB   *Least Significant Bit*

Die Least Significant Bits stellen bei der Farbkodierung eines Pixels die letzten Bitwerte dar. Bei der Farbtonbestimmung über acht Bits erkennt der Computer Weiß an der Zahlenfolge 0000 0000. Nicht ganz Weiß wird hingegen als 0000 0001 dargestellt. Diese Unterschiede in den LSBs sind für das menschliche Auge nicht wahrnehmbar. (HLAWATSCH, 2002)

7   Literatur

[ACHZIGER 2003] Achziger, Roman: *Digital Wasserzeichen.* 2003 – URL:
http://www-wi.uni-muenster.de/pi/lehre/WS0304/Seminar/
03_DigitaleWasserzeichen.pdf
– Zugriffsdatum: 13.03.2003

[CUSTOMERCE GmbH 2004] Website der Customerce GmbH: *Flaggen und Fahnen.* 2004 - URL:
http://www.unitedflags.com/flags.php?cat=1
– Zugriffsdatum: 18.03.2004

[DITTMANN 2000] Dittmann, Jana: *Digitale Wasserzeichen – Grundlagen, Verfahren, Anwendungsgebiete.* Berlin – Heidelberg: Springer, 2000

[DITTMANN 2001a] Dittmann, Jana: *Anwendungsgebiete digitaler Wasserzeichen.*
2001 – URL: http://www.ipsi.fhg.de/merit/teaching/fh01/
ecss/workshop-koethen-2001-2.pdf
– Zugriffsdatum: 02.01.2004

[DITTMANN 2001b] Dittmann, Jana: *Urheberschutz: Elektronische Signaturen als Wasserzeichen, Authentizität und Integrität multimedialer Daten - Invertierbare digitale Wasserzeichen.* 2001 – URL:
http://www.regtp.de/signatur-tage/dittman.pdf
– Zugriffsdatum: 29.01.2004

[DITTMANN & STEINMETZ 2000] Dittmann, Jana; Steinmetz, Ralph: *Digitale Wasserzeichen.* In: Informatik Spektrum (2000), Nr. 2, S. 47-50

[HEISE 2002] Heise Newsticker: *Digitale Wasserzeichen: Unsichtbarer Schutz für Filme und Musikstücke.* 2002 – URL:
http://www.heise.de/newsticker/meldung/30116
– Zugriffsdatum: 06.12.2003

[HLAWATSCH 2002] Hlawatsch, Sven: *Digitale Wasserzeichen.* 2002 – URL:
http://homepages.fh-giessen.de/~hg10013/Lehre/MMS/SS02/Hlawatsch/
text.htm
– Zugriffsdatum: 11.12.2003

[MENN 2001] Menn, Ralph: *Versteckter Schutz gegen Datenraub.* 2001 – URL:
http://www.tecchannel.de/multimedia/377/index.html
– Zugriffsdatum: 29.11.2003

[POMMERENING 2002] Pommerening, Klaus: *Vorlesung Datenschutz und Datensicherheit – Kopierschutz und digitale Wasserzeichen.* 2002 – URL:
http://www.uni-mainz.de/~pommeren/DSVorlesung/
KryptoProt/DigWZ.html
– Zugriffsdatum: 06.12.2003

[RIEDIGER & STÖHR 2004] Riediger, Thomas; Stöhr, Marcus: *Die Oscar-Gewinner ab 1929 bis heute*. 2004 – URL: http://www.filmmusik-info.de/oscars.php
– Zugriffsdatum: 11.03.2004

[SCHÄFER 2001] Schäfer, Uwe: *Introduction to watermarking techniques*. 2001 – URL: http://ivs.cs.uni-magdeburg.de/~dumke/Security/ Schaefer/watermark.html
– Zugriffsdatum: 07.03.2004

[SIGL 2003] Sigl, Simon: *Digital Watermarking*. 2003 – URL: http://student.cosy.sbg.ac.at/~ssigl/wap/watermarking/ node15.html
– Zugriffsdatum: 05.01.2004

[STEINEBACH 2002] Steinebach, Martin: *Digitale Wasserzeichen in Audiodateien – Unhörbar und doch verräterisch*. Fraunhofer-Institut für Integrierte Publikations- und Informationssysteme IPSI. 2002 – URL: http://www.uni-protokolle.de/ nachrichten/id/4875
– Zugriffsdatum: 22.12.2003

[STEINMETZ 2000] Steinmetz, Ralf: *Multimediatechnologie – Grundlagen, Komponenten und Systeme*. Dritte Auflage. Berlin – Heidelberg – New York, Springer, 2000

[STUCKI 1998] Stucki, Peter: *Seminar Multimedia - Digitale Wasserzeichen im WWW*. 1998 – URL: http://www.ifi.unizh.ch/mml/projects/CGSemSS98/PhotoShop/ digitalewasserzeichen.htm
– Zugriffsdatum: 19.12.2003

[VIGANO 1999] Vigano, Luca: *Theorie und Praxis der IT-Sicherheit – Steganographie/Watermarking*. 1999 – URL: http://www.informatik.uni-freiburg.de/~softech/teaching/ ws99/tupits/Folien/v.09.12.99-4.pdf
– Zugriffsdatum: 09.03.2004

[WIPPERFÜRTH 1999] Wipperfürth, Olaf: *Der ästhetische Restwert: Bemerkungen zu einer Ästhetik des Augenblicks*. 1999 – URL: http://www.ub.uni-duisburg.de/diss/diss040/10fima.pdf
– Zugriffsdatum: 13.03.2003

[ZEUGMANN 2003] Zeugmann, Thomas: Sicherheit von mutimedialen Daten - Digitale Wasserzeichen. 2003 – URL: http://www.tcs.uni-luebeck.de/HST2003/Wasserzeichen.pdf
– Zugriffsdatum: 07.12.2003